Leyes Eternas

Leyes Eternas 2

principios universales de superación y valores

recopilación de las frases más contundentes de

Carlos Cuauhtémoc Sánchez

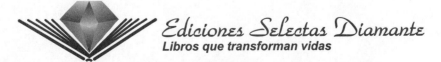

Ediciones Selectas Diamante
Libros que transforman vidas

LEYES ETERNAS
Volumen 2

Libros que transforman vidas
Convento de San Bernardo No. 7, Jardines de Santa Mónica,
Tlalnepantla Estado de México, C. P. 54050 Ciudad de México.
Tels. y fax: 53-97-31-32, 53-97-60-20, 53-97-79-67, 53-97-59-21
E-mail: diamante@data.net.mx
Miembro de la Cámara Nacional de la Industria Editorial Mexicana núm. 2778

ISBN: 968-72-77-31-9

IMPORTANTE:

En la portada de todos los ejemplares de *"Leyes Eternas"*, debe aparecer el holograma de autenticidad, dorado, tridimensional, con la figura de un diamante, exclusivo de las obras originales. En caso de que no aparezca en éste o en cualquier otro ejemplar, por favor de aviso a la P. G. R. o a Ediciones Selectas Diamante, reportando el lugar donde lo adquirió.

IMPRESO EN MÉXICO
PRINTED IN MEXICO

Ilustración de cubierta: © Digital Vision Ltd. Usada bajo licencia.
Imágenes: Leyes 9, 18, 19 y 25, archivos fotográficos de Ediciones Selectas Diamante, S. A. de C. V. ©1992-2000. Leyes 6, 7, 11, 13, 14, 15 y 17de Corel Corporation y Corel Corporation Limited ©1988-1999, protegidas por las leyes de derechos de autor de U. S., Canadá y otros países. Usadas bajo licencia. Leyes 2, 3, 9, 12,16, 22, 24, 26, 27, 28, 29, y 30 de Corbis Corp. Corbis ©1999. Usadas bajo licencia. Leyes 4, 8, 10, 20, 21 y 23 de Digital Vision Ltd. ©1999. Usadas bajo licencia. Ley 5 de Expert Software Inc. ©1995. Usada bajo licencia.

ÍNDICE
Leyes Eternas
ACTITUD ANTE LA VIDA

SUPERACIÓN

FAMILIA Y EDUCACIÓN DE LOS HIJOS

PAREJA

LEYES DE ACTITUD ANTE LA VIDA

Felicidad elegida
Desaliento
Paquete
Errores cometidos
Corrupción
Integridad
Humildad

1

Ley de la felicidad elegida

La alegría es un estado del alma producto de los pensamientos positivos. Para ser feliz hay que tomar la decisión de serlo.

de Dirigentes del mundo futuro

TU OPCIÓN DE SER FELIZ
Citas tomadas de *Dirigentes del mundo futuro*

Si piensas que un problema es fatal serás infeliz. Si piensas que su gravedad es relativa y que al final todo se solucionará, serás feliz. Los sentimientos provienen de los pensamientos y tú puedes elegir qué pensar.

~·~

Hay gente que odia los días laborales y únicamente disfruta los de asueto. Sus hijos aprenden a aborrecer el estudio y sólo piensan en el recreo.

~·~

Los perdedores dividen su vida en dos: largos, odiosos periodos de trabajo, e insípidos, breves momentos de descanso.

~·~

El buen maestro de vida transmite este mensaje: Debemos disfrutar el momento, aprender de las crisis y enfrentar con alegría los problemas.

VIVE EL PRESENTE
Citas tomadas de *Dirigentes del mundo futuro*

Los alpinistas tienen dos pasiones: La primera, llegar a la cima; la segunda, bajar. Arriesgan la vida no sólo por el momento maravilloso de conquistar la cumbre, sino también por el placer de recorrer el camino de ida y vuelta.

~·~

Un verdadero triunfador disfruta la victoria con la misma intensidad que el proceso para conseguirla.

El ganador no se obsesiona con los resultados; se concentra en su esfuerzo y en el gusto de entregarse a lo que hace.

~·~

La vida es hermosa no por las metas logradas sino por el deleite de luchar por ellas.

~·~

Los alcohólicos anónimos tienen éxito porque borran de su mente el pasado y el futuro. Se plantean metas por veinticuatro horas: Viven el presente.

~·~

Hay quienes pasan toda su vida pensando en jubilarse. Cuentan los días que faltan y no gozan su labor. Cuando al fin alcanzan la jubilación, se llenan de tristeza pues añoran los días en que trabajaban y eran útiles a otros.

~·~

Quien no aprecia con intensidad el "hoy", no vive; sólo tiene recuerdos y preocupaciones, es un muerto ambulante.

~·~

Los hospitales psiquiátricos están llenos de personas paralizadas por culpas del pasado o por temores del futuro.

~·~

Un maestro de vida deja a los niños gozar. No se asusta cuando los ve jugando con lodo o con agua. No se obsesiona con la limpieza ni con la salud.

ACTITUD ANTE LA VIDA

Cuando es hora de divertirse, el buen maestro se une al deleite de los juegos, cuando es hora de hacer tarea, pone música, cronómetro y ayuda a sus alumnos a emprender con entusiasmo el reto.

~·~

La vida de una persona —niño o adulto—, no tiene sentido si es infeliz.

~·~

Los adultos deben motivar a los niños para disfrutar intensamente. Si es domingo, disfrutar; si es lunes, disfrutar; reírse de las caídas, silbar y cantar mientras se atraviesa por contratiempos. En tres palabras: Siempre estar contento.

2

Ley del desaliento

El desaliento es un sentimiento paralizante. Roba la energía para seguir luchando. Provoca en el individuo tres posibles conductas: Callar y conformarse; quejarse y vengarse; o ver el problema y buscar soluciones.

de La última oportunidad

LOS ESTRAGOS DEL DESALIENTO
Citas tomadas de *La última oportunidad*

El desaliento es la carencia de ánimo para perseverar en la faena diaria. Nos sobreviene cuando fallamos en nuestras labores, enfrentamos situaciones injustas o somos ofendidos.

~·~

Por el desaliento, muchos matrimonios se disuelven, miles de adolescentes se van de casa, innumerables estudiantes desertan y cientos de empleados cambian de trabajo cada año.

~·~

Cuando una sociedad está en crisis, el desaliento aumenta; con ello crecen los índices de suicidio, consumo de alcohol, droga, pornografía y prostitución.

TRES POSIBLES REACCIONES ANTE EL DESALIENTO
Citas tomadas de *La última oportunidad*

1. CALLAR Y CONFORMARSE

Hay quienes agachan la cabeza para evitar conflictos, pero una persona apocada inspira lástima; nadie la respeta porque ella no se respeta a sí misma.

~·~

Tolerar abusos en silencio es una actitud autodenigrante. Muchas mujeres soportan malos tratos "por el bien del hogar y de sus hijos". La resignación en estos casos es sinónimo de cobardía.

2. QUEJARSE Y VENGARSE

Quejarse es mejor que callar, pero hay personas que se acostumbran a ello y se vuelven inconformes crónicos. Incitan a otros a protestar y no se comprometen con su equipo.

~·~

El inconforme crónico suele ser elemento de conflicto y división: siempre está molesto, crea intrigas, propaga chismes, cambia impulsivamente de bando y confunde a la gente que confía en él.

3. DETECTAR PROBLEMAS Y DAR SOLUCIONES

Tolerar la humillación y quejarse de todo, no son actitudes sanas. El triunfador señala los errores, hace sugerencias, organiza a los demás y se compromete a ayudar para que las cosas se arreglen.

~·~

Las personas trascendentes dejan una huella de servicio. Tienen un alto sentido de pertenencia y un gran espíritu de equipo. Nunca traicionan a los suyos ni dejan de luchar por cuanto les pertenece. Protestan, pero se quedan a trabajar.

~·~

Los grandes hombres no abandonan su ciudad ante una epidemia; actúan con precaución, pero ponen manos a la obra para vencer al enemigo.

~·~

Si su equipo va mal, ayúdelo a superarse; eso es más valioso que cambiarlo por uno que creció gracias al esfuerzo de otros. Piense como tripulante, no como pasajero.

3
Ley del paquete

Podemos triunfar con nuestro paquete de virtudes y carencias. No debemos envidiar al prójimo pues, si se nos concedieran sus ventajas, estaríamos obligados a recibir sus desventajas.

de *La fuerza de Sheccid*

TESIS DEL PAQUETE

Citas tomadas de *La fuerza de Sheccid*

El hombre de éxito es humilde. Celebra el triunfo de otros, los felicita, los elogia y se alegra sinceramente de la prosperidad ajena porque él mismo es próspero.

~·~

El triunfador se respeta a sí mismo, pero también respeta a los demás. Sabe que en cada ser humano, sin importar su edad, raza o religión, hay algo digno de admiración.

~·~

Un verdadero líder no conoce la envidia, pues su filosofía lo lleva a pensar que Dios regala "paquetes" y no atributos individuales.

~·~

Un triunfador sabe que en su "paquete", Dios le ha incluido compañera, hijos, cerebro, salud, dones, físico, habilidades, amistades... y ama cada parte del paquete.

~·~

Todos contamos con un "paquete" bien surtido; las carencias equilibran nuestras virtudes y las virtudes compensan nuestras carencias.

~·~

Toda persona es una triunfadora en potencia si usa adecuadamente el "paquete" que se le otorgó.

ACTITUD ANTE LA VIDA

AQUELLO POR LO QUE VALE LA PENA LUCHAR

La felicidad únicamente se alcanza cuando se lucha por la familia, por el trabajo, por el país que tenemos. No porque sean los mejores sino porque son *nuestros*, nos pertenecen y a la vez formamos parte de ellos.

de Juventud en éxtasis

~·~

Jamás conoceremos el tesoro que tenemos en nuestra casa si no nos metemos de cabeza a luchar por ella.

de La última oportunidad

~·~

Hay muchas familias, pero sólo una me pertenece a mí y yo pertenezco sólo a una. Hay muchos empleos y países. Puedo probar todos ellos, pero tarde o temprano debo elegir uno, tratarlo como MÍO y apostar todo por él.

de La última oportunidad

~·~

Dios bendice a los hombres que progresan sin cambiar su esencia.

de La última oportunidad

~·~

¡Qué torpes somos a veces los seres humanos! Enterramos nuestras riquezas y nos llenamos los bolsillos con suciedad. Despreciamos el tesoro propio anhelando la riqueza ajena.

de La última oportunidad

~·~

No seamos como el inepto que da la espalda a lo suyo, sin saber que la mina de diamantes con la que tanto sueña se encuentra en su propia casa.

de Juventud en éxtasis

ACTITUD ANTE LA VIDA

El verdadero valor de la vida no tiene precio. Años de entrega a la labor económica no pueden cambiarse por un minuto de la vida de nuestros seres queridos.

de *La última oportunidad*

4

Ley de los errores cometidos

Si fallas, acéptalo, no te defiendas, no busques justificaciones. Limítate a aprender de las caídas y a pagar tus errores. Tienes derecho a equivocarte.

de *Volar sobre el pantano*

EL PRECIO DE LAS EQUIVOCACIONES

Citas tomadas de *Volar sobre el pantano*

Cada error tiene su precio y debes pagarlo con gusto. Si se trata de dinero, con dinero, si implica dolor (físico o emocional), con dolor, si es trabajo, con trabajo.

~·~

En el futuro seguirás cometiendo errores; no te sientas mal por ello ni te inhibas para tomar nuevos riesgos. Los únicos que nunca se equivocan son los muertos y los mediocres. Las caídas te conviertes en una mejor persona.

~·~

Si por ir distraído te golpeas, comprende que el dolor es el precio de tu error. Págalo con gusto y despabílate. Tal vez tu acompañante se ría y te diga "tonto". Ríete con él, pero no creas la mentira de que eres tonto, pues sólo cometiste un error.

~·~

Arráncate las etiquetas negativas. Cuando te equivoques y alguien te diga "eres...", no lo tomes en serio. Estás creciendo y aprendiendo cada día. En ello estriba tu grandeza.

TIENES DERECHO A CAMBIAR DE OPINIÓN

Citas tomadas de *Volar sobre el pantano*

La gente y las circunstancias cambian; lo que antes consideraste conveniente puede no serlo a la luz de nuevas ideas. Tienes derecho a cambiar de opinión.

No atreverse a rectificar el camino por temor a que alguien se enoje, es un acto pueril e irresponsable.

~·~

Con frecuencia, al cambiar de opinión, perderás bienes, retrocederás en el camino recorrido y molestarás a otros... Es el precio a pagar. Valora lo que pierdes y lo que ganas para actuar después según convenga.

~·~

Miles de personas, en una moral mal entendida, se esfuerzan por mantenerse en un lugar erróneo.

~·~

Millones de seres humanos quisieran liberarse de las presiones que aceptaron en otra época, pero tienen miedo al "qué dirán".

~·~

Si exaltado juraste hacer algo que después evalúas inconveniente, piénsalo mejor, no hagas lo que ya no quieres hacer.

~·~

Memoriza una frase que puede salvarte la vida: *Sólo los valientes huyen.*

LOS ERRORES DE OTROS

¡Cómo quisiéramos a veces evitar el sufrimiento de nuestros seres amados! Qué paradójica es la vida: la mejor manera de crecer es cayéndose y la forma más útil de ayudar a alguien es acompañarlo mientras se levanta.

de *Juventud en éxtasis 2*

5

Ley de las etapas de corrupción

La persona que se degrada, primero escucha los consejos de los perversos; después, con nerviosismo, camina por la senda del mal; por último se llena de soberbia y comienza a burlarse de la gente recta.

La fuerza de Sheccid

LAS TRES ETAPAS DE CORRUPCIÓN
Paráfrasis del Salmo 1, 1. Texto de *La fuerza de Sheccid*

PRIMERA ETAPA
Escuchar el consejo de los perversos

El ingenuo oye jactarse a los libertinos, admira sus desenfrenos y, con cierto temor, se deja llevar por la mala influencia.

SEGUNDA ETAPA
Caminar por la senda del mal

El sujeto se sale con la suya y adquiere paulatinamente confianza en sus faltas. Va por la senda errónea, orgulloso de su invulnerabilidad. Se cree más listo que otros. Siente que puede actuar mal sin sufrir consecuencias.

TERCERA ETAPA
Burlarse de las personas rectas

La persona ha adquirido destreza y cinismo en la práctica del mal, por lo que ridiculiza a la gente honesta. Se "sienta en el banco de los burlones". Es el grado máximo de ego y perdición.

~•~

Después de la tercera etapa, sigue siempre un abismo en el que los castillos de grandeza se derrumban, aplastando al individuo y acabando también con su familia.

6

Ley de la integridad

Todos usamos máscaras. La integridad se revela en los hábitos privados: prácticas sexuales, tesoros secretos, trato a los seres queridos... Sólo en la vida íntima se desenmascara al moralista hipócrita o se descubre al verdadero hombre de bien.

de La fuerza de Sheccid

LOS TRES NIVELES DE LA PERSONALIDAD

Citas tomadas de La fuerza de Sheccid

La personalidad de los seres humanos tiene tres niveles: apariencia, actitudes y valores. En el primero se puede mentir, en el segundo es factible confundir a los demás, pero en el tercero todo sale a la luz.

~·~

La apariencia de una persona se conoce al observarla, las actitudes se notan al charlar con ella, mas para vislumbrar sus valores vertebrales, hay que vivir a su lado.

~·~

Sólo quienes conviven a diario con nosotros y nos ven reaccionar en todo tipo de circunstancias saben cuáles son nuestros valores.

NIVELES ENGAÑOSOS

Hoy por hoy, existe una obsesión generalizada por lo superficial: Los novios se enamoran de cuerpos, los consumidores compran envolturas bellas. Sólo el hombre maduro aprecia las virtudes ocultas.

de Juventud en éxtasis 2

~·~

La gente vive inmersa en mecanismos concebidos para defenderse de la falsedad de otros. Si fuéramos veraces, no existirían contratos, fianzas, juicios, garantías, letras, pagarés, actas...

de La fuerza de Sheccid

~·~

Hay una epidemia de mentiras. Quien comete ilícitos siempre lo niega. Todos los males en la actualidad proceden de uno solo: podredumbre oculta.

de La fuerza de Sheccid

Cada vez es más difícil confiar en la gente así que, hoy, las virtudes más valiosas son la integridad y la veracidad.

de La fuerza de Sheccid

ANTÍTESIS, CASA Y EMPRESA
Citas tomadas de *La última oportunidad*

Un hombre típico que vive contrastes deprimentes: En la empresa, sus empleados lo adulan, los proveedores le ofrecen obsequios y nadie entra a su oficina sin previa cita. En la casa, en cambio, las risas se apagan y las conversaciones se disipan cuando aparece.

~·~

En las organizaciones, la autoridad es dada por credenciales. En la casa no hay credenciales que valgan; el liderazgo es legítimo.

~·~

Ahora se sabe que los mejores y más productivos empleados, son quienes tienen un sólido respaldo familiar y no los que se entregan al trabajo con amargura para olvidar su penosa vida personal.

~·~

La calidad auténtica sólo se da en la gente plena y feliz. Nadie puede gobernar equilibradamente su trabajo si no ha logrado gobernar su vida privada.

~·~

En esta era ya no ganan los tramposos, los evasores ni los desleales. ¡En el siglo XXI sólo sobrevivirán las empresas éticas, cuya calidad comience con su gente!

ACTITUD ANTE LA VIDA

7
Ley de la humildad

Las personas de éxito buscan cada día señales para su crecimiento, aprenden antes de enseñar, observan antes de
actuar y mantienen siempre un corazón humilde.

de Un grito desesperado

EL HOMBRE SABIO

Para dar órdenes acertadas se necesita ser inteligente; para obedecer-
las con humildad se requiere ser sabio.

de La última oportunidad

~·~

El verdadero sabio es humilde. Siente que en cada ser humano, sin
importar su edad, raza o religión, hay algo digno de admiración.

de La fuerza de Sheccid

~·~

El inteligente siempre tiene la mente abierta, guarda silencio dispuesto
a aprender y es sencillo de corazón.

de Un grito desesperado

~·~

Si te equivocas, acéptalo; no te defiendas, no busques justificaciones.
Tienes derecho a cometer errores.

de Un grito desesperado

~·~

Por el simple hecho de estar vivo, aún te falta mucho por aprender y, si
eres receptivo, incluso un niño puede enseñarte.

de Un grito desesperado

ARROGANCIA

Citas y textos tomados de *Un grito desesperado*

La soberbia te impide entender los conceptos más obvios. No seas
como los necios que se creen superiores al que narra una historia que
ya conocen y lo interrumpen ufanos para contar el final.

Nuestra visión es corta e imperfecta; el orgullo nos hace suponer que la gente está en nuestra contra y que nadie nos comprende, pero es un espejismo mortal.

~·~

No seas altivo ni arrogante pues perderás el tiempo leyendo conceptos de amor. No porque has oído muchas cosas te consideres erudito. El que cree saberlo todo suele convertirse en fanfarrón.

~·~

Evita distraerte haciendo críticas malsanas. No censures los defectos del maestro. Sé humilde, permanece atento para que traspases la densa niebla de las apariencias y recibas la luz del conocimiento.

~·~

Alegoría

Imagina que estás al borde de un precipicio. Frente a ti, al otro lado del abismo, cerca pero inalcanzable, hay un monte de verdes prados. Lo ves, pero no puedes cruzar el vacío; necesitas un puente. Así se encuentra la gente que posee sabiduría y no puede aplicarla; conoce los secretos del triunfo pero es incapaz de tenerlo. Le hace falta tender el puente de la humildad. Cuando el alma se quebranta, el espíritu cae de rodillas y se reconoce la necesidad de cambio, el puente de la humildad toma forma. Sólo entonces la persona cruza de la sapiencia a la vivencia y pisa los verdaderos prados de la superación.

ACTITUD ANTE LA VIDA

*L*EYES DE SUPERACIÓN

Vivencia anticipada
Pago al éxito
Baja autoestima
Crisis agobiante
Ascenso en el precipicio

8

Ley de la
vivencia anticipada

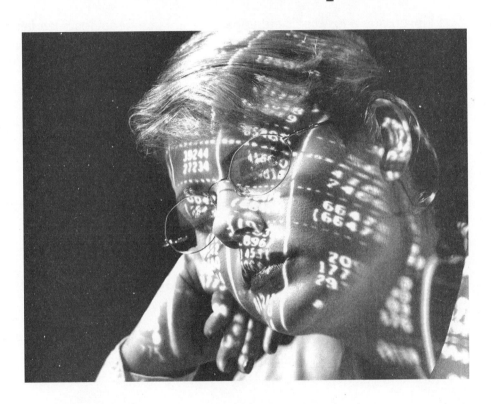

Para obtener grandes resultados, empieza por visualizarlos
con todo detalle, después *actúa* como si ya fueran un hecho. La vivencia anticipada marcará no sólo tus metas, sino
tu personalidad y tu estilo de vida.

de *Dirigentes del mundo futuro*

ACTÚA COMO UN TRIUNFADOR

Citas tomadas de *Dirigentes del mundo futuro*

Actúa como un triunfador aunque no lo seas: habla, muévete, estudia, prepárate, practica, compórtate como la persona que te gustaría llegar a ser, antes de serlo.

~·~

El joven que a los diecisiete años ahorra, hace negocios y lee las biografías de los millonarios del mundo, suele lograr una fortuna a los treinta y cuatro.

~·~

La grandeza comienza a gestarse desde la infancia y, a partir de la juventud, se manifiesta en actitudes y hechos concretos.

~·~

La vivencia anticipada es poderosa. Puede convertir a cualquier niño en líder, artista famoso, empresario, dirigente del mundo...

ETIQUETAS DEL CARÁCTER

Citas tomadas de *Dirigentes del mundo futuro*

Cuando una persona discute, es etiquetada como pendenciera. Si alguien hace trampa, lo adjetivamos como corrupto; un sólo error ocasiona tatuajes negativos.

~·~

Muchos no merecen los tatuajes que les han puesto, pero se equivocaron una vez y la gente los reprobó para siempre. Lo peor es que ellos mismos lo creyeron y reforzaron el calificativo con sus actitudes.

LA VIVENCIA INDUCIDA POR EL MAESTRO

Citas tomadas de *Dirigentes del mundo futuro*

Cuentan que los padres de un niño le decían: "Tú llegarás a ser presidente del país". El niño creció con ese parámetro de referencia. Cuando comía y se ensuciaba la ropa, su madre cuestionaba: "¿Tú crees que un futuro presidente comería como tú lo haces?" Durante toda su vida, tomó decisiones en base a preguntas concretas: "¿Cómo haría sus tareas escolares un gobernante próximo? ¿Qué habilidades desarrollaría? ¿Qué libros leería? ¿Qué carrera estudiaría?" Así fue como, años después, llegó a ser un gran líder y presidente de su país.

~·~

Un niño debe tener a su alcance maestros que le demuestren su confianza, haciéndolo sentir que creen en él y que esperan mucho de él.

¡TE VAS A CAER!

Citas tomadas de *Dirigentes del mundo futuro*

Padres supersticiosos hacen hijos miedosos; padres seguros y preparados, hacen hijos grandiosos.

~·~

Muchas madres se especializan en transmitir inseguridad a sus hijos vaticinándoles constantemente con voz de alarma: "Te vas a caer", "te vas a lastimar", "vas a perder tus cosas", "vas a enfermar", "se van a burlar de ti"... Usan la vivencia anticipada para endilgarles profecías de ruina. Como el cerebro es una computadora que procesa de igual manera información positiva y negativa, los niños terminan cayéndose, lastimándose, perdiendo sus cosas, enfermándose y convirtiéndose en el hazmerreír de todos.

SUPERACIÓN

¡Alerta! Padre, maestro: pronosticarle a un niño que le sucederá algo malo es igual a maldecirlo... ¡Nunca maldiga a un pequeño!

~·~

Cuide su forma de hablar. Señale los peligros, pero jamás profetice resultados indeseados.

~·~

En vez de amenazar a un niño con un: *"te vas a caer"* dígale: "hazlo con cuidado". Si la situación es más grave, prevenga: "te puedes caer", pero nunca utilice la expresión *"te vas a..."* Porque él *se va a...* lo que usted diga que *se irá a...*

~·~

La energía atómica puede construir o destruir; la vivencia anticipada también.

MIEDO INDUCIDO
Citas tomadas de *Dirigentes del mundo futuro*

Cuentan que un misionero evangelizaba a los negros del África mostrándoles pinturas dantescas de cómo los pecadores se consumían en las llamas del infierno. De pronto, uno de los nativos comenzó a reír y susurrar al oído de sus amigos. Todos soltaron la carcajada. El predicador preguntó: "¿Qué pasa?, ¿no les dan miedo estas imágenes?" El interprete contestó sonriendo: "Sí pero, ¿ya se fijó? ¡Todas las personas que están en el infierno, son blancas!"

~·~

Los bebés sólo nacen con dos temores: a los ruidos sorpresivos y a caer al vacío. El resto de los miedos se aprenden.

Somos los padres, en nuestra incultura, quienes imponemos limitaciones a los niños.

~·~

Al chico que se tropieza, su madre le dice: "¿Ya ves?, ¡por desobedecerme, Dios te castigó!" y el niño llora con verdadero terror pensando: "¿De veras Dios me castigó?" Así aprende a temer a quien debería amar.

9

Ley del pago al éxito

El hombre triunfador vigila los detalles, practica diariamente la disciplina elegida e invierte tiempo en sus anhelos. Así
paga el precio al éxito.

de Volar sobre el pantano

VIGILA LOS DETALLES
Citas tomadas de *La fuerza de Sheccid*

Dios siempre da lo extraordinario a quien cuida lo ordinario.

~·~

La garantía para prosperar es vigilar los detalles. Quien falla con las responsabilidades sencillas es inmerecedor de que se le confíen asuntos mayores.

~·~

¿Deseas tener mucho dinero? Cuida el poco que tienes. ¿Deseas crecer y trascender en el mundo? Ama y respeta las cosas diminutas que hoy se te han confiado.

~·~

Es una ley bíblica: Al siervo infiel se le quitará lo poco que tenga para dárselo a quien tiene más.

PRACTICA E INVIERTE TIEMPO

Todo en la vida es cuestión de experiencia más que de teorías. Para hablar en público, hay que hacerlo. Para nadar hay que lanzarse al agua. La experiencia es oro en el crecimiento humano.

de *Volar sobre el pantano*

~·~

Tres cosas son necesarias para alcanzar la perfección en cualquier disciplina:
- número uno, práctica
- número dos, práctica
- número tres, práctica

de *La fuerza de Sheccid*

Nadie obtiene algo grande y duradero por casualidad. Todo tiene un precio: Tiempo dedicado. Es la única moneda que compra cualquier cosa.

de La última oportunidad

~·~

Si "tiempo y trabajo" son los instrumentos que permiten lograrlo todo, no hay excusas para fracasar. En la vida sólo existen dos cosas: pretextos y resultados, y los pretextos no valen.

de La última oportunidad

~·~

El hombre invaluable aprovecha cada minuto del día, ayuda a los demás, asciende en la organización, gana bien; en dos palabras: obtiene resultados.

de La última oportunidad

~·~

El mediocre, deja pasar el tiempo y despilfarra el que le sobra, no asciende ni gana bien, pero se excusa echando pestes de sus jefes y de su empresa.

de La última oportunidad

~·~

Si cada noche un hombre dedica cuarenta minutos a jugar con el control remoto del televisor en vez de convivir con su esposa o hijos, tendrá resultados respecto a la programación televisiva y tendrá excusas respecto a sus relaciones familiares.

de La última oportunidad

~·~

El padre cuyo hijo no le tiene confianza asegura que el mocoso es huraño; el empleado recién despedido dice que su jefe tenía favoritis-

mos. Melindres, justificaciones tontas. Quien paga el precio del éxito tarde o temprano triunfa.

de La última oportunidad

COMPROMISO CON LOS ANHELOS
Citas tomadas de *Dirigentes del mundo futuro*

Todos tienen grandes anhelos, pero sólo la minoría logra concretarlos. Sin lugar a dudas la clave se encuentra en una sola idea: Compromiso.

~·~

El triunfador se compromete a tal grado con sus sueños que es capaz de pagar un precio muy alto por ellos.

~·~

El triunfador se prepara, trabaja, se desvela, dedica tiempo y pasión para lograr sus metas; es capaz incluso de dar la vida por ellas. Tarde o temprano las alcanza.

~·~

El perdedor se limita a soñar, hace algunos intentos vanos por lograr lo que ambiciona, pero se desespera porque no hay resultados inmediatos.

~·~

El perdedor se dedica a culpar a otros y a buscar razones por las cuales le fue imposible ganar.

~·~

No puedes ser tenaz para algunas cosas y débil para otras. O eres un luchador incansable o un fracasado. No hay puntos intermedios. La grandeza sólo se consigue partiéndose el alma por alcanzarla.

SIEMPRE SE PUEDE CORREGIR EL RUMBO

Un día, cierto hombre rico y famoso encontró en el periódico su propio obituario. Se había difundido la falsa noticia de un accidente y la prensa desplegó: "Fallece el rey de la dinamita, mercader de la muerte". En efecto era hijo de un fabricante de armas que perfeccionó la dinamita y se hizo millonario, mas cuando vio su obituario se sintió desdichado al comprender que pasaría a la historia como "el mercader de la muerte". Entonces invirtió toda su fortuna y energía en pro de la paz y el perfeccionamiento humano. Hoy el mundo lo recuerda como un personaje extraordinario: Alfredo Nobel... instaurador del premio Nobel.

de *La fuerza de Sheccid*

~·~

Nunca es tarde para usar todas nuestras capacidades en aras del bien y la verdad. El ayer sólo trasciende si no es modificado con las acciones del hoy.

de *Dirigentes del mundo futuro*

~·~

Es mentira afirmar "lo conozco desde hace años, siempre ha sido así". Nadie es "siempre" de la misma forma. El pasado no nos determina de forma definitiva. Podemos cambiar el rumbo de nuestra vida.

de *Dirigentes del mundo futuro*

SUPERACIÓN

10
Ley de la baja autoestima

La escasez de autoestima es una grave carga psicológica.
Con ella a cuestas, la persona aparenta ser lo que no es; se
vuelve tímida, huidiza, servil con los poderosos, autoritaria
con los humildes y preocupada en exceso por el qué dirán.

de Un grito desesperado

AYUDA A TUS SERES QUERIDOS

Todo ser humano aprende a autovalorarse en el lugar donde crece, ayudado por las personas con quienes convive.

de Un grito desesperado

~·~

Si a un niño se le llama tonto, inepto, flojo, feo, enclenque o gordo, dará forma a su autovaloración con esos elementos y terminará creyendo que lo es.

de Un grito desesperado

~·~

Las malas experiencias tienen un poder de fijación mayor que las buenas. Por cada reprimenda es necesario dar cuatro elogios.

de La última oportunidad

~·~

Sobrenombres, burlas, comparaciones y promesas sin cumplir son veneno para la autoestima del niño.

de Un grito desesperado

~·~

La delincuencia juvenil es una forma de tomar revancha ante la falta de amor.

de Un grito desesperado

ESCASEZ DE AUTOESTIMA

Un triunfador no tiene el cuerpo distinto al de un vagabundo; la diferencia está en la mirada, la postura, el paso, el tono de voz; cada uno de acuerdo con su autovaloración. Las personas son lo que piensan de sí mismas.

de Un grito desesperado

Una persona sin autoestima siembra rencillas y se desmorona ante la adversidad.

de Volar sobre el pantano

ÁMATE A TI MISMO
Citas tomadas de *Volar sobre el pantano*

Sólo quien se ama a sí mismo se atreve a arrojar la carga de culpas y temores que se le ha impuesto. Hacerlo conlleva a la dignidad y a la fortaleza de carácter.

~·~

Todos necesitamos sentirnos aceptados por las personas, pero nadie puede ser amado por *todas* las personas. El que busque la aceptación general acabará frustrado y agotado.

~·~

Vales mucho con tus peculiaridades físicas; eres único, no existe otro ser humano que tenga tu diseño y tu misión.

~·~

Deja de rechazarte. ¿Crees que te faltan riquezas? ¿En cuánto venderías tus manos, tus ojos o tu cerebro?

~·~

Los individuos que se autoaprecian mejor rinden más y tienen mayor energía para vivir.

~·~

Es bíblico: nadie puede amar al prójimo si primero no se ama a sí mismo.

Trabalenguas

El ganador adquiere, al ganar, mayor autoestima, y el perdedor pierde, al perder, la poca autoestima que tenía. El perdedor recupera la autoestima perdida para comenzar a ganar como el ganador, escuchando nuevas ideas positivas y comprometiéndose con la positividad de las nuevas ideas escuchadas.

de Volar sobre el pantano

EL EXCESO DE AUTOESTIMA
Citas tomadas de *Volar sobre el pantano*

La autoestima disminuye con los fracasos y aumenta con los éxitos. Si una persona exitosa está lejos de Dios, su autoestima siempre se volverá egolatría.

~·~

Cuando el triunfador está cerca de Dios, ve el éxito como un compromiso, se porta como siervo, y otorga al Ser Supremo toda la gloria y la honra.

11
Ley de la crisis agobiante

Ante la adversidad, el individuo desesperado se hunde, pero quien se aferra con coraje a la vida, soporta el dolor del desgarramiento y clama energía al Poder Superior, sale de la crisis transformado.

de Volar sobre el pantano

EL PANTANO DE LA CRISIS

Citas tomadas de *Volar sobre el pantano*

Nos engrandecemos al superar los problemas pues todo conflicto hoy, lleva implícito grandes beneficios a futuro.

~.~

Parábola

En medio del pantano, un pájaro vivía resignado en un árbol podrido. Se había acostumbrado a estar ahí. Comía gusanos del fango y andaba tan sucio que sus alas se inutilizaron por el peso de la mugre. Cierto día un gran ventarrón destruyó su guarida; el cieno engulló al árbol podrido y el ave se dio cuenta de que iba a morir. En un deseo repentino por salvarse comenzó a aletear con fuerza para emprender el vuelo. Le costó mucho porque había olvidado cómo volar, pero enfrentó el dolor del entumecimiento hasta que logró levantarse y cruzar el ancho cielo. Finalmente llegó a un bosque fértil y hermoso que nunca había visto.

~.~

Los problemas serios son como el ventarrón que ha destruido tu guarida y te obligan a elevar el vuelo.

MUÉVETE

Sal al campo de batalla... Hazte oír, hazte valer... ¡Nunca alcanzarás tus metas sentado en la estancia de distracciones, quejándote de tu mala suerte.

de *Volar sobre el pantano*

Ante injusticias e irregularidades, habla, pide audiencia, telefonea, exige, sé enfático. No te detengas si te tratan mal, no temas incomodar. Las personas con carácter sobresalen y arreglan los problemas.

de *La última oportunidad*

~·~

Nunca te avergüences al poner las cartas sobre la mesa. Si otro se ofende, mantente firme. Posteriormente busca una reconciliación. Sólo así serás respetado y querido.

de *La última oportunidad*

ALIMENTO MENTAL
Citas tomadas de *Volar sobre el pantano*

Eres lo que tienes entre las dos orejas. Tus ideas te hacen libre o esclavo. Tu forma de pensar te quita o te da energía.

~·~

Lo que arruina la vida no es un acontecimiento, sino la interpretación que se le da.

~·~

Ser víctima de una traición no es grave, a menos que creas que lo es. Si dices: "estoy acabado", lo estás. Si, dices: "mi verdadero yo se halla intacto", entonces no pasó nada, estás sano, sólo sufriste un accidente y puedes seguir adelante.

~·~

Cuando cambias lo que comes, cambias lo que eres. La mente se alimenta de ideas. Somos el reflejo de las ideas con las que nos alimentamos.

Quien es afecto a las habladurías y a las noticias amarillistas hace su mente débil y enfermiza.

~·~

Cambia tu alimento mental: Deja de hablar mal de otros; niégate a escuchar murmuraciones. Lee libros de superación personal y espiritual. Escucha grabaciones sobre el éxito. La ingestión de ideas nutritivas te dará verdadero vigor.

GRUPOS DE AUTOAYUDA
Texto tomado de *Volar sobre el pantano*

Para superar crisis crónicas resultan muy útiles los grupos cuyos principios se cimienten en:

La necesidad de admitir que somos impotentes frente a algunos sucesos y emociones.

La convicción de que sólo un Poder Superior podrá restaurar nuestra vida deshecha.

La decisión de entregar nuestra voluntad a ese Poder Superior.

La restitución del mal que hicimos a otros como consecuencia de nuestra falta de control.

El compromiso de ayudar a nuevas personas atrapadas en un problema similar.

12

Ley del ascenso en el precipicio

Para ascender la montaña después de un quebranto —por divorcio, fallecimiento de algún familiar, violación, despido, desahucio, etc.—, es preciso salvar cinco riscos: Negación, depresión, ira, perdón y libertad.

de Juventud en éxtasis 2

Cinco peldaños conducen a la recuperación de cualquier quebranto emocional. Cada etapa debe vivirse intensamente, evitando permanecer en ellas más tiempo del necesario.

de *Juventud en éxtasis 2*

1. SUPERAR LA NEGACIÓN

Quien se enfrenta al cadáver de un ser querido suele gritar: "¡No... no puede ser, esto es mentira, es una alucinación!" El enfermo de SIDA cree estar soñando, la chica embarazada espera que todo sea un error, el divorciado supone que la unión va a restaurarse.

~·~

La negación es un bloqueo psicológico. Se supera haciendo frente a la verdad: Las cosas son así, todo terminó, no hay marcha atrás.

~·~

Es necesario aceptar la pérdida, como si se tratara de un ser amado cuyo cuerpo yace en el ataúd.

2. SUPERAR LA CRISIS DEPRESIVA

Al aceptar los hechos, la persona "se viste de luto". Hace pública su tragedia, se debilita, enferma, llora... La embargan sentimientos de culpa y temor; piensa que nunca va a recuperarse del golpe.

~·~

La crisis depresiva es una etapa peligrosa porque muchas personas se evaden con alcohol, antidepresivos o romances apresurados. Para superarla se requiere vivir el dolor y llorar todo lo posible.

3. SUPERAR LA IRA

Después de la depresión, es normal sentirse enfadado con la persona que falleció, con los médicos por no haberla salvado y hasta con Dios por haberlo permitido. La etapa es delicada porque hay quienes gritan, insultan, y hasta agreden.

~·~

Para superar la ira es conveniente desahogarse a solas, hacer un nuevo plan de ejercicios forzados, trabajando más enérgicamente y trazarse nuevos planes.

4. PERDONAR

La ira es un fuego que debe consumirse hasta las cenizas del perdón. El perdón produce paz interior. Es la ira convertida en silencio; nos invita a olvidar y a comenzar de nuevo.

~·~

Perdonar es renacer a nuevas esperanzas; es recordar el pasado extrayéndole todo el zumo del aprendizaje, pero desechando para siempre el bagazo de dolor.

5. LOGRAR LIBERTAD

Quien asume el control total de su tiempo, se vuelve fuerte, independiente, jovial; una prueba de que se ha llegado a esta etapa es encontrarse de frente con la persona o circunstancia que ocasionó la caída y no sentir la menor exaltación.

SUPERACIÓN

La libertad conduce a la soledad edificante en la que ya no hay dependencia de nadie. La persona es responsable de sí misma y puede vivir sin ninguna atadura emocional.

LEYES DE FAMILIA Y EDUCACIÓN DE LOS HIJOS

Vida engendrada
Estimulación adelantada
Ritos familiares
Reglamento familiar
Cirugía disciplinaria

13
Ley de la vida engendrada

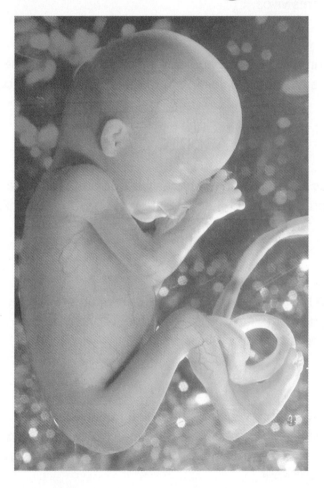

Engendrar un hijo es la mayor bendición de la vida; educarlo y hacerlo feliz es un reto que ennoblece, engrandece y permite a la pareja trascender.

de *Juventud en éxtasis 2*

LA DECISIÓN DE AMAR

Citas tomadas de *Juventud en éxtasis 2*

Cuando la pareja tiene hijos, funde totalmente sus capitales afectivos en uno solo y se da la oportunidad de compartir ese tesoro común con otros seres vivos.

~·~

Tener un hijo es una bendición para quien está dispuesto a comprometerse, y es una maldición para quien busca la comodidad egoísta.

ABORTO O ADOPCIÓN

Muchas personas son tan posesivas que prefieren ver a su hijo muerto que con otra familia. Legalmente o no, se abortan más niños de los que se dan en adopción.

de *Volar sobre el pantano*

~·~

Existen miles de parejas estériles que están preparadas para tener un hijo y que asumirían con mucho amor la paternidad de un bebé que no puede ser atendido por sus padres.

de *Volar sobre el pantano*

~·~

El aborto, la intervención quirúrgica más frecuente en los países "desarrollados" nunca ha sido transmitida por televisión, mientras que los trasplantes cardiacos o de córneas, se muestran al público orgullosamente.

de *Juventud en éxtasis*

El aborto ha matado a más personas que todas las guerras, ha cobrado más vidas que el cáncer, la droga o cualquier epidemia sufrida por la raza humana.

de Juventud en éxtasis 2

~·~

Los gobiernos invierten millones de dólares en salvar a los enfermos de SIDA o en descubrir nuevos medicamentos, pero siguen permitiendo el aborto.

de Juventud en éxtasis 2

14

Ley de la estimulación adelantada

Para desarrollar la base intelectual de los niños, es preciso proporcionarles, a la mayor brevedad posible, una amplia gama de estímulos emocionales y sensoriales.

de Dirigentes del mundo futuro

CUANTO ANTES MEJOR
Citas tomados de *Dirigentes del mundo futuro*

Desde el nacimiento, millones de neuronas se enlazan y crean vías de información, más profundas y complejas mientras mayor cantidad y calidad de estímulos reciban a menor edad.

~·~

El cerebro,crea conexiones neuronales en forma constante, este fenómeno ocurre, sobre todo, en los primeros años de vida.

~·~

Si se pasa por alto la oportunidad de originar con estímulos, más y mejores lazos intelectuales, se desperdicia buena parte del potencial de los niños.

~·~

En experimentos clandestinos se aislaron bebés en cuartos sin luz, sin sonidos ni contacto físico. Se obtuvieron, desde niños con problemas de aprendizaje, hasta niños sordos, ciegos y con retraso mental profundo.

~·~

En los primeros diez años de vida, se definen las capacidades elementales del ser humano.

~·~

Los niños estimulados con masajes, gimnasia, música, juegos, cantos, conversaciones y ejercicios acuáticos, desarrollan mayor capacidad cerebral.

Hay madres sobreprotectoras que para preservar a sus bebes de enfermedades, los apartan de ruidos, luz, frío, agua y otros estímulos. Lo único que consiguen es hacerlos menos inteligentes.

~·~

Tanto la base de la inteligencia, como los patrones que determinan la personalidad del ser humano, se adquieren en la infancia. Por eso, los programas de liderazgo para adultos son poco efectivos.

~·~

Un auténtico dirigente del mundo no surge de las aulas universitarias; se gesta en el jardín de niños, se forja en la primaria, se fortalece en la secundaria y se desarrolla en el bachillerato. Cuando llega a la universidad, ya está hecho, ahí sólo adquiere conocimientos.

~·~

Lo más importante de la educación sobresaliente es iniciarla en forma temprana. En ningún caso puede decirse, con más solidez, que el tiempo es oro.

~·~

Para formar grandes personalidades, necesitamos volver la cabeza hacia quienes poseen la verdadera semilla de grandeza en su cerebro: Los niños.

MUNDO DE INFORMÁTICA

Citas tomadas de *Dirigentes del mundo futuro*

Vivimos en un mundo de computadoras. Todos los aparatos tienen tableros con teclas. El mundo futuro pertenece a los niños que aprendan a manejar con maestría esos pulsadores.

Los expertos en filosofía, historia, arte, dialéctica o ciencias, se subordinarán a los expertos en computación.

~·~

Actualmente se imparten cursos y carreras completas por Internet. La educación del siglo veintiuno tiende a automatizarse. Los alumnos deben "aprender a aprender" con la única ayuda de una computadora.

~·~

¿Te interesa dar a tu hijo herramientas para triunfar en el mundo? Empieza por lo más simple: enseñarle a operar menús electrónicos desde bebé.

~·~

Un niño que investiga el uso de controles remotos, interruptores y aparatos debe ser aplaudido, estimulado, orientado con gran entusiasmo.

~·~

Jamás le digas a un niño que tal o cual artefacto no se toca con la excusa de que lo puede descomponer. Los aparatos son para tocarse; los botones para oprimirse.

~·~

Acepta el reto de modernizarte, lee instructivos y aprende a manejar teclados programables si no quieres convertirte en un "homo sapiens" decadente.

15
Ley de los ritos familiares

Las familias se definen por sus procedimientos habituales: rutinas de estudio, diversión, aseo, alimentos, descanso, resolución de problemas, trato mutuo y convivencia en fechas especiales.

de *Dirigentes del mundo futuro*

PARTICIPACIÓN ACTIVA DE LOS PADRES

Citas tomadas de Dirigentes del mundo futuro

Los adultos debemos hacer dos cosas por los niños: proveerlos de buenos instructores y participar activamente en su instrucción.

~·~

Si usted paga a su hijo clases de piano, debe ayudarlo a practicar diariamente; si lo inscribe en la escuela de fútbol, debe acompañarlo a los entrenamientos y partidos. Hay que dar dinero, pero no basta con ello. Se requiere brindar apoyo y presencia personal.

~·~

Para actuar como un verdadero padre, hay que apagar el televisor, ponerse los zapatos deportivos y correr tras el niño mientras aprende a andar en bicicleta, ayudarlo a armar su autopista, apoyarlo a preparar sus concursos, leerle un cuento por las noches, dedicarle las tardes y los domingos. ¡Enseñarle! ¡Jugar con él! ¡Estar ahí!

~·~

La educación en el límite superior es un estilo de vida. Existen muchos obstáculos para alcanzarlo; el primero, la falta de disposición de los padres.

~·~

Revise los ritos actuales de cada niño y agregue actividades constructivas; optimice horarios, cree procedimientos eficaces y propicie hábitos más sanos.

~·~

Ningún sistema educativo funciona si no lo respaldan en casa.

EL ROL DE LOS ABUELOS
Citas tomadas de *Dirigentes del mundo futuro*

En las mejores familias nunca se desprecia a los ancianos. Los buenos padres crean en sus hijos el hábito de amar y respetar a sus abuelos.

~·~

Los abuelos ya cumplieron las exigencias de la vida. Ahora quieren y merecen tener paz. Son cariñosos en extremo con los nietos porque su prioridad es disfrutarlos, no educarlos.

~·~

No seas de los irresponsables que "usan" a los abuelos como nanas gratuitas; de los que se van de viaje y les dejan a sus hijos durante semanas; de los que salen por las noches y les encargan a los niños para después echarles en cara que los han malcriado.

~·~

A un abuelo no le corresponde ser estricto; le corresponde dar amor.

EL DESARROLLO ESPIRITUAL EN FAMILIA
Citas tomadas de *Un grito desesperado*

De nada sirve ser genios intelectuales y contar con los estándares de productividad más altos si hay estrechez espiritual.

~·~

Uno de los ritos constructivos más importantes en los hogares sólidos, consiste en orar juntos en voz alta. Pocas costumbres unen más profundamente a las familias.

FAMILIA Y EDUCACIÓN DE LOS HIJOS

En la familia, sólo manteniendo una estrecha y continua relación con Dios puede lograrse la paz interior.

~·~

Cuando un aparato electrónico se descompone, acudimos al fabricante. Dios planeó y organizó la familia. Cuando la familia va mal, debemos pedir ayuda al diseñador.

~·~

Dios es el Amor Infinito. Provenimos de Él y a Él nos dirigimos. La familia proviene de Él y debe dirigirse a Él.

16

Ley del reglamento familiar

Los buenos padres establecen y enseñan claramente las reglas del juego familiar. Si los hijos las comprenden, se convierten en los mejores protectores del reglamento.

de Un grito desesperado

CONSISTENCIA EN EL REGLAMENTO
Citas tomadas de *Un grito desesperado*

A un famoso circo fueron llevados dos leones para ser amaestrados. El primero se confió a un entrenador que desde el principio estableció patrones de recompensas y castigos claros; enseñó a la fiera pacientemente a realizar ciertas rutinas, después de las cuales la premiaba. El segundo fue puesto en manos de un hombre inconsistente que, en ocasiones, le permitía sublevarse y en ocasiones lo azotaba por cualquier falla. El primer animal, educado con un código de reglas justas, aprendió rápido y se convirtió en la estrella del circo; el segundo, tratado visceralmente, ante la vista del auditorio atónito, una noche atacó a su entrenador y lo mató.

~·~

Si la censura está en función del humor de los padres y no de un reglamento claro, los hijos se vuelven manipuladores, mentirosos e inseguros.

~·~

El buen educador es sensible, pero en sus métodos prevalece la razón y no la emoción.

HABLEMOS CLARO
Citas tomadas de *Un grito desesperado*

Determinen clara y públicamente el camino a seguir, y nadie se apartará de él.

~·~

Las normas de disciplina son vitales en la familia, pero no pueden ser secretas ni cambiantes. Deben escribirse en papel y colocarse en un lugar visible.

Las prohibiciones más eficaces son las que uno se hace por convicción propia. Trate de inculcar en sus hijos un código de vida, más que un reglamento censor.

HIJOS REBELDES

El pago concreto que un hijo hace a sus padres a cambio de todo lo que ellos le brindan, es acatar las reglas familiares.

de *Un grito desesperado*

~·~

Los hijos pueden comentar las normas y enriquecerlas, pero no rebatirlas o tratarlas de invalidar.

de *Un grito desesperado*

~·~

Joven: Debes tener un código de vida, identificar a las personas que desean verte triunfar y unirte a ellos. No te rebeles más contra las reglas y deja de cuestionar a la autoridad.

de *Volar sobre el pantano*

~·~

Muchos jóvenes se jactan de su libertad y de no obedecer a nadie, pero todos obedecemos a alguien. El que no sigue las reglas familiares, es esclavo de sus vicios o de las normas de sus amigos.

de *Volar sobre el pantano*

Haz de este un mandamiento en tu vida: Adoptaré un código de normas que me guíen por el sendero del trabajo y el bien.

de *Un grito desesperado*

CARTA A UN HIJO REBELDE

Texto tomado de *Un grito desesperado*

Hijo mío:

La familia es como una empresa en la que existen lineamientos y políticas establecidas por los directivos. Estas reglas no se discuten. Se cumplen. A mí me ha tocado ser el directivo de esta familia. Quiero que siempre hablemos de frente y con el corazón. Somos amigos, pero entre nosotros hay un límite que no debes olvidar. La conducta respetuosa, unida y próspera de los miembros de esta casa no se puede negociar. Me gusta la modernidad, mas la columna vertebral es intocable, no se moderniza. En ocasiones duele obedecer, pero en la vida tendrás que sufrir alguno de estos dos dolores: el de la disciplina o el del arrepentimiento. Un padre que hereda sólo dinero, deja a sus hijos en la pobreza; el que hereda principios, les da un motivo para vivir. Esta carta la escribí por eso. Te amo infinitamente. Daría la vida por ti.

Tu padre.

EJEMPLO DE REGLAMENTO FAMILIAR

Fragmento tomado de *Un grito desesperado*

El siguiente es un ejemplo de reglas en la casa. Cada familia debe establecer las suyas y actualizarlas cada año.

Reglas Generales

1. El domingo es día familiar. Siempre lo pasaremos juntos.
2. Los padres saldremos solos (sin hijos) una vez a la semana.
3. No ingeriremos comida chatarra o refrescos ni comeremos en la sala o coche.

4. Después de comer, cada uno levantará los platos y cubiertos que haya utilizado.
5. Jamás mentiremos ni diremos groserías.
6. El horario límite para acostarse entre semana será: niños a las 8.30 P.M. y papás a las 10.30 P.M.
7. Iremos a la iglesia todos los domingos y haremos oración diariamente.

En el reglamento se establecen también las obligaciones personales de cada miembro de la familia, por ejemplo:

Papá: Ir a la oficina, reparar y mejorar la casa o coches, llevar a los niños a la escuela, vigilar el cumplimiento de las reglas...

Mamá: Proveer la comida diaria, supervisar aseo y buen estado de casa, ropa y coches, recoger a los niños de la escuela, llevarlos a sus clases particulares...

Niños: Colgar el uniforme, no ver más de una hora diaria de televisión, lavarse los dientes después de cada comida, arreglar cuarto y mochilas antes de dormir, depositar en el cesto su ropa sucia y guardar la limpia, leer al menos diez minutos diarios antes de dormir...

17

Ley de la cirugía disciplinaria

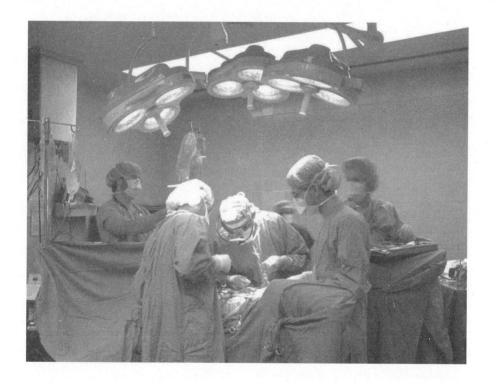

Castigar a un hijo es abrir una herida necesaria, similar a la incisión del cirujano que extirpa un tumor. Buena parte del éxito estriba en evitar complicaciones posteriores.

de *Un grito desesperado*

LA DESOBEDIENCIA
Citas tomadas de *Un grito desesperado*

Sólo es lícito castigar a alguien cuando infringe las reglas previamente explicadas y aceptadas. Las faltas se verifican únicamente con la evidencia de haber hecho algo que se tenía prohibido.

~·~

Padres, si no han establecido un código de normas en la casa, sus castigos serán tildados de tiranías y sus enfados de histeria.

RECONCILIACIÓN DESPUÉS DE UN CASTIGO
Citas tomadas de *Un grito desesperado*

Un verdadero padre es un hombre recto que enseña normas justas, castiga a sus hijos cuando las infringen, deja pasar un tiempo razonable, les explica con calma el porqué de la reprimenda y finalmente les dice todo lo que los ama.

~·~

Si tu hijo contraviene las reglas, repréndelo pero, después acércate a él. ¡Nunca esperes a que esté dormido para besarlo y acariciar su cabeza!

~·~

Las reprimendas deben ir seguidas de una charla tranquila y profunda. Si no es así los hijos acumularán rencor.

~·~

Hay gente que permanece enfadada durante días: nada es más insano que eternizar los disgustos. El secreto de una reconvención eficaz es no prolongar el enojo.

Los padres que no hablan con sus hijos después de un castigo, son como cirujanos que permiten que el paciente vuelva en sí con la herida abierta y sin suturar.

~·~

La auténtica dirección eficaz va acompañada de una lealtad y honestidad tal, que nos concede el deleite de mostrar el cariño que sentimos cara a cara.

DESEO URGENTE DE AMOR
Citas tomadas *Un grito desesperado*

Un padre no será menos hombre si besa a su hijo varón, ni éste perderá virilidad al estrechar a su padre. Los verdaderos hombres no temen demostrar sus sentimientos.

~·~

Jamás tuve tanto respeto por mi padre como en aquellas ocasiones que lo vi llorar. A corta edad aprendí que era un ser humano con errores, pero de buenos sentimientos; un ser que merecía ser amado.

~·~

No temas a abrirte y revelar tus debilidades; tus seres queridos, lejos de perderte el respeto, te amarán más.

~·~

¿De qué nos sirve tanto avance tecnológico si estamos olvidando lo fundamental? No podemos seguir fingiéndonos sordos ante el grito desesperado de nuestra familia agonizante, que sólo pide cariño y atención.

L

EYES DE RELACIONES HUMANAS

Relaciones interpersonales
Proyección inversa
Conducta ajena
Cerrazón
Careo amoroso
Subjefe déspota

18
Ley de las relaciones interpersonales

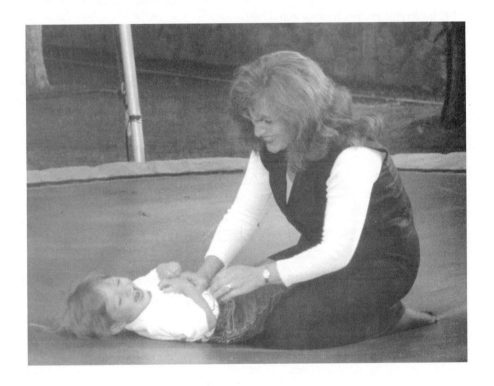

Los grupos o familias se forman de varias alianzas individuales. La fuerza del equipo está dada por la calidad de
estas alianzas.

de Dirigentes del mundo futuro

CONVIVENCIA INDIVIDUAL

Citas tomadas de La fuerza de Sheccid

Muchos líderes suelen tratar grupalmente a sus seguidores, pero sólo se es amigo de aquellos con quienes se tiene un trato personal.

~·~

Un buen padre convive diariamente a solas con sus hijos manteniendo una relación de calidad con cada uno por separado. Eso los hace sentirse amados en forma especial.

~·~

El amor se construye sólo con la convivencia individual. Si quiero tener amistad profunda con alguien (hijo, cónyuge, amigo, Dios) debo tener frecuentes periodos de intimidad con él.

COMUNICACIÓN PROFUNDA

Citas tomadas de Un grito desesperado

EXISTEN TRES NIVELES DE COMUNICACIÓN:

1. **Superficial.** Conocidos que cuidan su apariencia comentan asuntos intrascendentes. Suelen ser fríos y hasta sarcásticos.

2. **Social.** Amigos que comentan ideas, vivencias o inquietudes personales en forma calculada, sin involucrar sentimientos.

3. **Profundo.** Personas que se quieren hablan sin máscaras, abren el cofre del tesoro en el que se guardan las dudas, temores, anhelos, tristezas y esperanzas.

RELACIONES HUMANAS

Para cultivar relaciones afectivas sólidas, debemos comunicarnos en el tercer nivel. Todo ser humano tiene necesidad de hablar en forma profunda.

~·~

Un parámetro fiel para determinar la calidad de un grupo o familia está dado por el número y frecuencia de conversaciones serias entre sus miembros.

~·~

No uses máscaras ante las personas que amas. Dales tu intimidad hablándoles frecuentemente con el corazón.

CRISIS POR SECTORES
Citas tomadas de *La fuerza de Sheccid*

Es usual que las personas atraviesen tiempos de tormenta sin una compañía sincera. La peor crisis es la que se vive a solas.

~·~

En ocasiones el padre sufre un revés económico y su familia sigue exigiendo y gastando igual. A veces el hijo ha caído en depresión y los padres se muestran indiferentes.

~·~

Sólo la intimidad interpersonal destruye las crisis por sectores y hace a los grupos unirse en un frente común.

RELACIONES HUMANAS

19

Ley de la
proyección inversa

Las personas adoptamos, de forma inconsciente, actitudes, ideas, sentimientos y reacciones de quienes admiramos.

de Dirigentes del mundo futuro

IMITAR AL QUE ADMIRAMOS
Citas tomadas de *Dirigentes del mundo futuro*

Había una vez un rey que gustaba de convivir con el pueblo. Cierto niño siempre iba detrás de él. En una ocasión, el monarca lo llamó y le preguntó por qué lo seguía. El pequeño le contestó: "Usted es la persona a quien más admiro y lo acompaño para observarlo." El rey notó que, en efecto, el niño había adoptado ciertos rasgos en sus movimientos similares a los de él; sintió una gran ternura y le asignó un lugar especial en sus excursiones. Con el paso del tiempo lo adoptó como hijo. Algo similar les ocurre a los seguidores de Jesucristo.

~·~

Las personas aprendemos imitando a un maestro y el maestro, de forma automática, brinda protección a quienes le siguen.

~·~

Los niños actúan en base a los prototipos de vida que conocen. Si conviven con el mal, se vuelven malvados, si observan siempre el bien se vuelven buenos.

MODELOS SUBCONSCIENTES
Citas tomadas de *Dirigentes del mundo futuro*

Los modelos proporcionados por maestros de vida son parámetros que alimentan el subconsciente y moldean la personalidad del individuo.

~·~

La proyección inversa es un fenómeno mediante el cuál los hábitos familiares se heredan hasta la tercera y cuarta generación.

20
Ley de la conducta ajena

Aunque una persona parezca felíz, no puedes saber lo que guarda en su corazón. La conducta inexplicable de otro, siempre será explicable si conoces sus razones.

de *La fuerza de Sheccid*

MOMENTOS IGUALES, MUNDOS DISTINTOS
Citas tomadas de *La fuerza de Sheccid*

Al mismo tiempo, cada ser humano vive historias diferentes. Es injusto enfadarse porque el vecino actúe de forma opuesta a la esperada.

~·~

Lo que hay en la cabeza y en el corazón de dos seres que comparten un espacio puede estar a una distancia de miles de kilómetros.

~·~

El momento presente es el mismo para todos, pero las emociones y circunstancias son siempre diferentes en cada individuo.

~·~

Los hijos juzgamos a nuestros padres por sus errores, sin haber crecido donde ellos lo hicieron, con las carencias que ellos tuvieron, con el trato que recibieron, con sus problemas y preocupaciones.

~·~

Si el prójimo comete errores, es torpe, débil o iracundo, no lo juzgues... Ignoras lo que es vivir en sus zapatos.

DOS HISTORIAS PARA CONDENAR
Textos tomados de *La fuerza de Sheccid*

En cierto pueblo de Europa, a fines del siglo XIX, llegó a vivir una hermosa viuda, madre de tres hijos. A las pocas semanas todo el vecindario hablaba mal de ella. Decían que era perezosa, que estaba casi siempre acostada y que recibía las indecorosas visitas de tres hombres y que para no ser sorprendida en prácticas promiscuas, mandaba a sus hijos a la calle. Un día la llevaron al hospital y al fin

se supo la verdad: tenía una enfermedad incurable, no podía moverse mucho, los dolores eran tan atroces que prefería dejar salir a sus hijos para que no la vieran sufrir; la visitaban su médico, su abogado y su hermano. Era una buena mujer, condenada por las suposiciones, difamada, rechazada injustamente.

~·~

Un automovilista conducía con exceso de velocidad, tocaba el claxon y encendía las luces. En una estrecha avenida, orilló a un auto compacto que estuvo a punto de accidentarse. Su conductor estaba armado. Se reincorporó al camino, alcanzó al apremiado, le cerró el paso y se bajó furioso. El otro le gritaba que se quitara. "¿Tienes mucha prisa?", le preguntó el del coche compacto, "pues será la última vez que corras..." Concluyó dándole un balazo que le quitó la vida. Lo verdaderamente trágico de este caso fue que el hombre con prisa llevaba a su hijo enfermo al hospital en el asiento de atrás.

~·~

El intolerante se vuelve injusto y destructivo. Juzga a los demás y los condena porque no hacen lo mismo que él.

EL TOLERANTE ESTÁ ABIERTO A APRENDER
Citas tomadas de *La fuerza de Sheccid*

Las relaciones de trabajo, familiares, humanas, son bendecidas cuando hay cerca alguien que comprende, ama, ayuda y participa en los problemas de otro.

~·~

Las personas tenemos profunda necesidad de amor, pero escatimamos el que podemos dar. Somos entes sociales pero intolerantes. Queremos ser comprendidos y no comprendemos; deseamos que otros construyan y destruimos.

Sólo lograremos hacer este mundo mejor, cuando empecemos a servir, componer, edificar, proveer, sin egoísmo; cuando respondamos al llamado intrínseco que Dios sembró en lo más profundo de nuestro ser, de amar.

21

Ley de la cerrazón

La cerrazón es un estado mental caracterizado por: inca-
pacidad para escuchar, obsesión por querer tener siempre
la razón y tendencia a realizar desplantes autoritarios.

de Volar sobre el pantano

LOS SINTOMAS DE LA CERRAZÓN

Citas tomadas de *Volar sobre el pantano*

El individuo puede volverse codependiente a:
1. Una sustancia como alcohol, cigarro o comida.
2. Una actividad como ver la televisión, hacer deportes o trabajar.
3. Una persona como hijo, esposa o madre.

~·~

Cuando el sujeto no reconoce su dependencia enfermiza y rechaza la posibilidad de combatirla, se convierte en cerrazónico.

~·~

El ego inflado hace al cerrazónico rígido, intolerante y necio.

~·~

La mayoría de los alcohólicos son cerrazónicos, aunque millones de personas padecen cerrazón sin ser alcohólicas.

~·~

Sin importar su edad, el cerrazónico tiene pensamiento radical. Cree haberlo visto todo y saberlo todo. Es soberbio, impaciente, jactancioso, buscador obsesivo de defectos. Cuando alguien le da un consejo se irrita.

~·~

Un cerrazónico es experto en agredir la autoestima de sus allegados y en hacerlos sentirse culpables de los errores que él comete.

Cuando el cerrazónico ve que una persona está deprimida, se siente satisfecho y se comporta tiernamente.

~·~

El mayor problema del cerrazónico es que no acepta ayuda. Cuando bebe en exceso, puede acudir al médico para quejarse de dolencias físicas, pero no reconocerá que sus hábitos de vida están mal.

~·~

Muchos cerrazónicos rechazan toda actividad espiritual y tildan a los religiosos de ingenuos santurrones. Otros, son extremadamente mojigatos y, con su libro de reglas en la mano, condenan y juzgan el destino eterno de los demás.

~·~

Los familiares de un cerrazónico viven atemorizados y piensan que soportando su mal carácter todo cambiará. Por eso prefieren quedarse callados y seguir consintiendo sus caprichos ególatras.

~·~

Los familiares de un alcohólico cerrazónico, con frecuencia lo justifican y protegen, cerrando también su mente y enfermando con él.

LA REHABILITACIÓN DE UN CERRAZÓNICO
Citas tomadas de *Volar sobre el pantano*

Muchos dicen que cuando un cerrazónico "toca fondo", reacciona y comienza a mejorar. Esto sólo es verdad si no ha dañado su estructura vital.

RELACIONES HUMANAS

La mayor motivación para recuperarse, es tener todavía una familia, un trabajo, amistades o casa que defender y conservar.

~·~

Los familiares de un cerrazónico pueden ayudarlo a rehabilitarse siguiendo las leyes de independencia formativa y careo amoroso[1].

RELACIONES HUMANAS

---

[1] *Independencia formativa.* Ley número 9, página 57 de LEYES ETERNAS 1
Careo amoroso. Ley número 22, página 105 de este volumen.

Carlos Cuauhtémoc Sánchez

22
Ley del careo amoroso

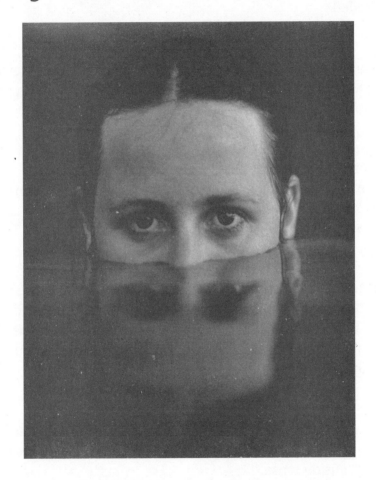

El cerrazónico se esconde en las sombras para no enfrentar el dolor que ha causado. Si sus seres queridos desean ayudarlo a abrir los ojos, deben decirle la verdad de lo que pasa y las consecuencias tangibles de sus actos.

de *Volar sobre el pantano*

COMO HACER UN CAREO AMOROSO

Citas tomadas de *Volar sobre el pantano*

El careo amoroso es el enfrentamiento objetivo de una persona que está haciendo daño sin darse cuenta, con otras que tienen pruebas de la verdad.

~·~

El careo amoroso consiste en organizar una reunión ensayada de antemano en la cual las personas más importantes para un cerrazónico le explican los daños que está causando.

~·~

El careo es una confrontación seria pero afectuosa que se propone tres metas: Hacer que el cerrazónico se tope de frente con su realidad, quebrantar su soberbia y lograr que acepte participar en un grupo de autoayuda.

~·~

Mientras más personas participen en un careo planeado, mejores serán los resultados. Pueden colaborar patrones, empleados, amigos y familiares; todos de mutuo acuerdo para externar cómo han sido afectados por la conducta del cerrazónico y para instarlo a que comience su rehabilitación.

~·~

En un careo amoroso no deben participar personas resentidas, quienes tengan tendencia a regañar, ni quienes sean incapaces de soportar una discusión tensa.

~·~

Todos los familiares deben involucrarse en el careo, pues en cuanto el

RELACIONES HUMANAS

cerrazónico se sienta desprotegido por alguno de sus consentidores, buscará otro.

~·~

El careo tiene riesgos: hay alcohólicos que viendo reunidos a sus familiares y amigos creen que se trata de un complot contra ellos y reaccionan tan violentamente que provocan peores daños.

~·~

Una vez iniciado el careo, no hay vuelta atrás: el objetivo debe lograrse. La perseverancia, exenta de ira, desarma totalmente a los cerrados haciéndolos ceder aunque sea de mala gana.

REGLAS PARA UN CAREO AMOROSO
Citas tomadas de *Volar sobre el pantano*

El careo se realiza:
1. Cuando los familiares han decidido dejar de consentir al cerrazónico.
2. En un ambiente de amor y comprensión.
3. Con comentarios planeados.
4. Dando ejemplos concretos con firmeza, sin discutir ni salirse del tema.
5. En presencia de un terapeuta experto.

En el careo está prohibido juzgar, condenar o calificar a la persona. Los ejemplos serán objetivos.

Ejemplos de comentarios correctos en el careo:

- "Hemos perdido nuestros ahorros; la casa está hipotecada, el carro chocado en el garaje y no tenemos dinero para arreglarlo."

- "Te queremos mucho, pero te tenemos miedo. Cuando bebes nadie sabe cómo vas a reaccionar."

- "Usted fue un buen empleado, pero hemos ido quitándole responsabilidades. De hecho, estamos a punto de despedirlo."

- "En la boda de tu sobrina te embriagaste, le faltaste al respeto a una mujer y retaste a golpes a su marido; desde entonces nadie de la familia nos habla."

- "Hace medio año, volviendo de una fiesta condujiste ebrio. Te supliqué que no siguieras arriesgando nuestras vidas, detuviste el auto a media carretera, abriste la puerta y me obligaste a bajar.

Ejemplos de comentarios incorrectos en el careo:

- "Te odio. Has echado a perder mi vida."

- "Malhaya la hora en que te conocí. No te soporto más."

- "Eres un cerrado enfermo. ¿No entiendes qué estamos aquí reunidos para abrirte la mente de una vez?"

- "A ver si dejas de hacer tonterías. Mira cuánto daño has causado."

23

Ley del subjefe déspota

La mayoría de la gente se hincha de soberbia al otorgársele autoridad. Con el poder, pocos se convierten en líderes y muchos en subjefes déspotas.

de *La fuerza de Sheccid*

LAS RÉMORAS DEL LÍDER
Citas tomadas de *La Fuerza de Sheccid*

La posición del triunfador presenta un problema: atrae a los fracasados como la miel a las moscas. Se le allegan muchas personas envidiosas que desean a como dé lugar cosechar donde no han sembrado.

~·~

Los fracasados agregados al líder o a la organización de prestigio se convierten en subjefes déspotas.

~·~

Algunos típicos subjefes déspotas son: Hijos holgazanes del papá rico, representantes de artistas deslumbrados por la fama, gerentes intermedios, servidores públicos, funcionarios de gobierno y auxiliares de importantes personalidades.

~·~

El subjefe déspota tiene con mucha frecuencia el complejo de: "mira lo grande que soy". Se envanece de los triunfos de su jefe o de su organización, fanfarronea, trata a la gente con desprecio y bloquea los asuntos.

~·~

El subjefe déspota hace creer al líder que es un fiel servidor. Su estrategia es adularlo y levantar barreras para que nadie se le acerque.

~·~

Ni el propio líder, que es casi siempre una persona muy ocupada, trata con prepotencia a los demás, pero el subordinado lo hace. Es un "tirano con fusil" que amenaza a todos mostrando el arma que se le dio: una credencial.

RELACIONES HUMANAS

NO A CUALQUIERA SE LE PUEDE
OTORGAR JERARQUÍA

Citas tomadas de *La fuerza de Sheccid*

Cuando se les da poder, muchos humildes trabajadores se convierten en alzados mandamases, miles de buenos servidores se vuelven jefes despectivos.

~·~

La pulga sobre el perro cree que es ella quien camina rápido, ostenta su posición y se burla de las que están en el piso.

DENUNCIÉMOSLOS

Citas tomadas de *La fuerza d Sheccid*

Delata a los subjefes déspotas. Declara la guerra a los prepotentes que bloquean los asuntos, roban o utilizan su puesto para extorsionar.

~·~

La gente que sufre vejaciones y desprecios de subjefes déspotas siempre debe protestar, pues en ocasiones el líder es el último en enterarse del abuso de sus colaboradores.

RELACIONES HUMANAS

LEYES DE PAREJA

Noviazgo constructivo
Caricias íntimas
Sexo rápido
Amor ciego
Dos noticias matrimoniales
Deslealtad amorosa
Placer sexual

24

Ley del noviazgo constructivo

El noviazgo constructivo se caracteriza por momentos muy intensos de crecimiento y ayuda recíproca brindando, a la vez, suficiente tiempo y espacio libre para la individualidad.

de *Juventud en éxtasis 2*

NECESARIAMENTE PROVECHOSO
Citas tomadas de *Juventud en éxtasis 1 y 2*

En la adolescencia, los jóvenes descubren la existencia de ideas, anhelos y sentimientos que pueden compartirse exclusivamente con una pareja del sexo opuesto.

~·~

El noviazgo es un compromiso moral de trato afectivo, fidelidad, ayuda y respeto recíproco, concertado entre dos excelentes amigos de sexos opuestos.

Silogiosmo

Primera premisa: La juventud es una época para construir cimientos.
Segunda premisa: El noviazgo es necesario en la juventud.
Por lo tanto: El noviazgo debe ayudar a construir los cimientos.

~·~

Si en la juventud no se construyen cimientos, la juventud no sirve. Si el noviazgo no sirve para construir, el noviazgo no sirve.

~·~

En el noviazgo constructivo hay trato afectivo y caricias, pero no se basa en el amor de los cuerpos.

~·~

Un noviazgo constructivo tiene reglas, ayuda al progreso individual, motiva a crecer y proporciona paz interior.

PAREJA

LA PRISA QUE DESTRUYE
Citas tomadas de *Juventud en éxtasis*

La televisión promueve el enamoramiento instantáneo: aquél se unta cierto jabón, el otro se espolvorea talco, ésta se mete en unas pantimedias, aquélla disimula su mal aliento y todos hallan al instante un extraordinario compañero que daría su vida por ellos.

~·~

El concepto de superficialidad se está convirtiendo en un estilo común de noviazgo; algo excitante de momento, pero hueco.

~·~

La premura pasional es una enfermedad del noviazgo que despierta el constante deseo de besar, abrazar, sentir la cercanía del otro y encender las sensaciones de los cuerpos.

~·~

Los noviazgos destructivos asfixian, acosan, restan movilidad, tiempo, libertad; obstruyen estudios, trabajo, deporte, relaciones familiares y amistades.

~·~

El amor real no lleva prisa y está basado en el conocimiento real de la otra persona.

~·~

El noviazgo es una etapa clave de la vida. Una visión poco profunda de este importantísimo lapso puede cortarte las alas para siempre.

PAREJA

25

Ley de las caricias
íntimas

En una pareja, las caricias íntimas se van dando por pasos.
Apresurar o saltarse las etapas puede dañar la relación e
incluso destruirla.

de Juventud en éxtasis 2

ETAPAS DE LAS CARICIAS

Citas tomadas de *Juventud en éxtasis 2*

Primera etapa: Enamoramiento. No hay caricias sexuales. Es la etapa del cortejo y de las declaraciones amorosas.

Segunda etapa: Conocimiento. Es la esencia del noviazgo. La pareja se conoce profundamente mediante la asimilación de las virtudes y defectos de ambos. Hay caricias ligeras.

Tercera etapa: Compromiso. Existe promesa de unión y fidelidad. Es la etapa en la que se planea el matrimonio. Hay caricias más íntimas.

Cuarta etapa: Intimidad. Se ha consumado y decidido la relación definitiva mediante el convenio conyugal. Caricias profundas y entrega sexual completa.

~·~

Muchas parejas no siguen un orden, dejan fuera todo compromiso y abrevian los tiempos. En cuanto se enamoran, buscan las caricias íntimas.

~·~

Una relación sin conocimiento (segunda etapa) ni compromiso (tercera etapa) está destinada a fracasar, además de dejar graves secuelas.

~·~

Cuando una pareja tiene relaciones sexuales por legítima entrega amorosa, después de haber vivido plenamente las cuatro etapas, el sexo resulta la unión más hermosa y constructiva.

LA LEY DE LA OFERTA Y LA DEMANDA

Citas tomadas de *Juventud en éxtasis 2*

La regla básica de los negocios es que, si algo abunda, el precio baja y viceversa. Cuando se restringen las caricias sexuales, adquieren mayor valor. El manejo torpe del sexo consiste en sobreabundarlo.

~·~

Alentada por el amor que siente, la mujer necia apresura las caricias sexuales con la idea de que cuanto más rápido lleguen a la intimidad él la amará más.

~·~

El hombre que tiene fácil acceso a caricias profundas y sabe que puede seguir degustando el cuerpo de su novia, se echará para atrás ante un compromiso más serio.

~·~

La mujer inteligente no admite manoseos, pues vincula su respeto y dignidad a la forma como es tratada. Por otra parte, sí admite caricias, pero condiciona su avance a la etapa exacta de la relación.

~·~

Si el hombre no se compromete en el umbral de la siguiente etapa, la chica inteligente "pone tierra de por medio" y lo deja con el sabor de boca de cuánto perdió. Esto provoca que cualquier varón esté dispuesto a hacer lo que sea por una mujer.

PAREJA

LA VERDADERA PRUEBA DE AMOR
Citas tomadas de *Juventud en éxtasis 2*

La mejor forma de comprobar si dos personas se aman de verdad es dejar a un lado los besos y caricias durante ciertos periodos.

~·~

El amor verdadero es espiritualmente satisfactorio para la pareja y puede sobrevivir a largos periodos de abstinencia sexual.

~·~

La pareja equilibrada disfruta sus diferencias sexuales, pero nunca pierde el contacto espiritual.

~·~

Ser equilibrado es ser feliz, pero sin olvidar las responsabilidades; disfrutar las sensaciones del cuerpo, sin separarlas de la fuerza del alma; admirar la belleza física, sin olvidar la belleza interior.

~·~

Ser equilibrado es ser profundo; ver más allá de lo aparente y no dejarse llevar por los impulsos.

PAREJA

26

Ley del sexo rápido

Los aficionados a las aventuras sexuales fáciles suelen llevarse desagradables sorpresas, pues las parejas que se prestan a ese juego, con frecuencia esconden manías e intenciones obsesivas.

de Juventud en éxtasis

SEXO A CIEGAS
Citas tomadas de *Juventud en éxtasis*

Cuando tenemos sexo de manera liviana no sabemos realmente con quién lo hacemos.

~·~

Al momento del cortejo las personas usan su mejor máscara, pero nunca se sabe, sino hasta tiempo después, la verdadera clase de individuo que había detrás del antifaz.

~·~

Mujer: Cualquier hombre, después de acostarse contigo, se sentirá con ciertos derechos, te verá como de su propiedad y, aun cuando ya no quieras saber nada de él, te seguirá deseando y persiguiendo.

EL PRECIO DEL SEXO RÁPIDO
Citas tomadas de *Juventud en éxtasis 2*

Con el sexo rápido ignoras realmente cuál puede ser la conducta previa y posterior de tu amante.

~·~

Las aventuras sexuales tienen un precio. Son sellos de intimidad que producen compromisos. A veces se pagan caro. Continuamente se sabe de:

- Hombres que han sido víctimas de mujeres audaces en busca de embarazarse para forzar el matrimonio.

- Mujeres que han sufrido violación o abuso sexual por seguirle el juego a alguien que les hacía insinuaciones divertidas.

- Jóvenes que han adquirido enfermedades venéreas contagiadas *deliberadamente* por alguien resentido.

- Varones que han quedado aniquilados cuando la empleada a la que sedujeron hizo público el romance y *se cobró su parte*.

- Personas chantajeadas que han perdido casas, coches, dinero y negocios al ser fotografiadas manteniendo relaciones sexuales.

- Hombres que, después de asistir a un burdel, se han visto involucrados en amenazas y extorsiones por los mafiosos que manejan a las prostitutas.

- Mujeres solteras que han perdido su libertad y seguridad al acostarse con su novio.

~·~

La vida es como un restaurante en el que podemos pedir lo que nos plazca; todo se va anotando en nuestra cuenta y tarde o temprano tendremos que pagarlo.

27

Ley del amor ciego

El amor ciego es una muestra de idealización pueril. Únicamente se puede amar a quien se conoce con todas sus virtudes y carencias. No existen parejas ideales, sólo personas que hicieron un pacto de amor.

de La última oportunidad

BUSCANDO EL VERDADERO AMOR

Citas tomadas de *Juventud en éxtasis*

La idealización consiste en ver al ser sublime de tus sueños encarnado en una persona a la que ni siquiera conoces bien. El amor idealista destruye el corazón, porque no existe.

~·~

Cuando un amigo nos hace ver los defectos del ser idealizado, nos enfadamos y lo tildamos de mentiroso. Entonces el amigo se aleja murmurando que el amor es ciego. Pero el verdadero amor no es ciego. La idealización sí.

~·~

No es verdad que en algún sitio recóndito haya para ti un compañero exacto, una pareja única, una media naranja. Estas ideas son poesía, romanticismo impráctico.

~·~

El amor verdadero no se crea a solas ni se da porque sí. Se construye entre dos personas afines y maduras que se conocen y se aceptan como son.

~·~

El amor se afianza con el servicio, con el constante deseo de darse sin condiciones y crece permitiendo libertad y autonomía.

ROMANTICISMO FATAL EN EL MATRIMONIO

Citas tomadas de *La última oportunidad*

Esperar demasiado del cónyuge produce un ambiente de tensión mutua. Las expectativas utópicas destruyen cualquier matrimonio.

~·~

Una relación afectiva basada en el romanticismo idealista implica falta de madurez. Lamentarse por la creencia de haberse casado con la persona equivocada es firmar una sentencia de muerte para el matrimonio.

~·~

El amor verdadero se origina pensando positivamente del cónyuge y luchando a diario por la relación.

~·~

El romanticismo vive de suspiros; el amor de hechos.

~·~

El punto clave no es quienes están conviviendo, sino cómo lo están haciendo.

ACEPTARNOS TAL COMO SOMOS

Citas tomadas de *Un grito desesperado*

Las almas gemelas son utopía. No soy un príncipe de cuento ni tú una princesa encantada. Somos seres humanos llenos de defectos y yo te acepto tal como eres.

De novios, los sentimientos son intensos y las emociones **excitantes**; de casados, el corazón late tranquilo y el entendimiento mira la **realidad**.

~·~

El amor verdadero es una promesa, un voto de entrega; **no es felicidad eterna** sino crecimiento armónico.

28

Ley de las dos noticias matrimoniales

Un buen matrimonio engrandece y dignifica. Uno malo denigra y confunde. Dos noticias. La buena: el matrimonio es para toda la vida. La mala: el matrimonio es para toda la vida.

de *Juventud en éxtasis 2*

¿El MATRIMONIO VALE LA PENA?

Citas tomadas de *Juventud en éxtasis 2*

Uno de los valores más grandes del matrimonio es descubrir al ser humano adulto que existe dentro de nosotros.

~·~

El matrimonio es una aventura hacia el crecimiento y la madurez, en la cual dos grandes amigos de sexos opuestos deciden escalar juntos la montaña de la vida.

~·~

Casarse, brinda a la persona la oportunidad de aprender a amar verdaderamente, a entregarse por completo, a darle a unos hijos lo mejor de sí, a ser feliz haciendo feliz a otros.

~·~

En la época actual se necesita mucho valor para casarse. Sin duda los cobardes se negarán siempre esa oportunidad

EL SOLTERO EMPEDERNIDO

Citas tomadas de *Juventud en éxtasis 2*

En la vida, cada quién escala su propia montaña. Algunos prefieren hacerlo solos para no tener que compartir su éxito con nadie.

~·~

A menos que viva una experiencia espiritual muy intensa, el soltero se torna cada vez más egoísta e intolerante; le exasperan los niños y se irrita con gran facilidad ante los errores ajenos.

EL RETO MÁS DIFÍCIL

El arte de las artes es la convivencia matrimonial, porque es la única disciplina que exige la perfecta coordinación de dos virtuosos en la destreza de dar y perdonar.

de Un grito desesperado

~·~

En el matrimonio la pareja debe remar parejo, so pena de que el barco pierda su rumbo.

de Un grito desesperado

CARTA DE UNA JOVEN A SU NOVIO

Yo no quiero la unión libre; prefiero casarme contigo. Si así lo hacemos, el periodo de adaptación será largo, difícil, doloroso. Pasarán años y no terminaremos de aprender a convivir como pareja. Será complejo, pero valdrá la pena, porque cuando todo parezca ponerse en contra tuya, cuando caigas y te sientas derrotado, sabrás que habrá alguien que te espera con los brazos abiertos, que te ama, que se siente mal por tu tristeza, que estará a tu lado siempre sin importar los giros de tu fortuna. Si es tarde y no has llegado a casa, tu esposa estará despierta, mirando el teléfono y asomándose por la ventana cada vez que oiga un auto. Por otro lado, cuando los niños me falten al respeto, cuando el trabajo de la casa me agobie, cuando mis planes se deshagan y todo parezca venirse abajo, mi esposo me apoyará, me tomará de la mano y me dará fuerzas, como un amigo sincero en cuyo pecho podré llorar abiertamente, sin vergüenza ni temor. Así como compartiremos el dolor también estaremos juntos para vivir las alegrías de nuestros logros, la felicidad de las fechas

importantes, la belleza de ver crecer a nuestros hijos. Y cuando apa-guemos la luz después de un día intenso, tendremos a quien abrazar por debajo de las sábanas para quedarnos dormidos al calor de su cuerpo.

de *Juventud en éxtasis*

PAREJA

29
Ley de la
deslealtad amorosa

Cuando el infiel se queda a solas con su nueva pareja y la relación deja de ser clandestina, ocurre un fenómeno doloroso: el encanto se va, la emoción se esfuma y la pasión se desvanece.

de Juventud en éxtasis

LA TENTACIÓN DE LO PROHIBIDO
Citas tomadas de *Juventud en éxtasis*

Las personas pierden la cabeza no por el placer del sexo, sino por la emoción de lo prohibido.

~·~

Lo que enciende la sangre de modo explosivo son las aventuras escondidas. Lo verdaderamente tentador no es el sexo en sí, sino el sexo *fuera del matrimonio*.

EL ÓRGANO SEXUAL MÁS PODEROSO
Citas tomadas de *Juventud en éxtasis*

Cuando una aventura se hace realidad, es porque ya se ha imaginado durante mucho tiempo. El órgano sexual más poderoso es la mente.

~·~

No es necesario consumar la relación sexual ilícita para que se desencadene el desequilibrio en la persona; basta imaginarla intensamente.

~·~

El cerebro es capaz de crear escenarios y representar cuadros más excitantes que la realidad misma.

~·~

Las fantasías eróticas toman forma de deseos y éstos, tarde o temprano, se materializan.

EL POZO DE LA INFIDELIDAD

Citas tomadas de *Juventud en éxtasis*

Uno puede engañarse a sí mismo diciendo que puede amar a dos personas a la vez, pero la infidelidad tarde o temprano produce amargura en todos los implicados.

~·~

La infidelidad es una evasión. Resulta más fácil buscar intimidad con un extraño que enfrentar cara a cara los problemas de una vida marital deteriorada.

~·~

La infidelidad es traición de grado superlativo. Ante ella, las promesas de confianza y honradez de un matrimonio quedan pisoteadas.

~·~

El infiel no puede acostumbrarse al remordimiento, a la distracción, a la carga de culpabilidad y al desequilibrio funcional que produce la relación ilícita.

~·~

Cuando se está atrapado en un adulterio, se viven fuertes tensiones: baja la eficiencia en el trabajo, la lucidez, la concentración... Ese desequilibrio desenmascara el engaño.

~·~

Cuidado: Nada interesa más al morbo de la gente que descubrir un adulterio. Los observadores buscan la más mínima señal de desliz conyugal, dispuestos a correr la noticia.

PAREJA

CÓMO VENCER LA TENTACIÓN

Citas tomadas de *Juventud en éxtasis*

Es natural tener ideas eróticas furtivas; lo malo no es tenerlas, sino abrirles la puerta del pensamiento central, invitarlas a pasar, a ponerse cómodas y charlar con ellas durante largos períodos.

~·~

Los inteligentes reflexionan a fondo sobre las posibles consecuencias de una aventura sexual y valoran todo lo que pueden perder si se dejan llevar por la corriente hacia el precipicio.

~·~

El mayor éxito de la tentación es su ataque sorpresivo.

~·~

Para vencer la tentación del sexo ilícito es preciso visualizarla y tomar con serenidad la decisión de lo que se hará cuando se esté frente a ella.

30

Ley del placer sexual

Quien ve el goce sexual como un pecado, peca en su per-
cepción. El placer erótico es algo planeado, organizado y
ordenado por el mismo Creador; un regalo de bodas para
la pareja.

de Juventud en éxtasis

EL CANTAR DE LOS CANTARES
Tomados de *Juventud en éxtasis*

Carta de una mujer a su hermano soltero

Hermano:

En el Cantar de los Cantares *hay una pequeña muestra de los deseos de Dios para la pareja. Estúdialo. El planeó el goce sexual.*

El amor llega a su clímax no con palabras románticas ni con ejercicios espirituales, sino en la más extraordinaria fusión de los cuerpos.

Cuando supe que tu, mi hermano menor, tenías algunos problemas con mujeres, quise compartirte algo más que un consejo, poner a su alcance la madeja de un hilo que puede llevarte a Dios. Él te llama, tiene los brazos abiertos a ti. Mientras continúes buscando otros motivos para vivir, seguirás vacío, dando tumbos, sufriendo, como un sediento en el desierto. Entiéndelo, por favor. La arrogancia y el orgullo constituyen la única barrera capaz de separarnos de su amor. Deja de darle la espalda. Busca gente que esté cerca de Él, únete a ellos, aprende a asirte de ese hilo irrompible que te dará verdadera vida.

Dios diseñó para ti un cuerpo fundamentalmente sexual, pero no para que lo malgastes por el mundo como si no valiera nada. ¡El placer erótico es un diseño divino, algo planeado, organizado y ordenado por Él! No sigas con una vida sexual activa pero vacía, abundante pero hueca. El sexo es un don de Dios para el matrimonio... Es lo más maravilloso que Él diseñó pensando en la pareja. Dios le da ese regalo a los hombres. Un regalo de bodas. ¿Me entiendes? Espera hasta casarte. Dale su justo valor. No hacerlo sería como si un padre prometiera el obsequio de bodas más extraordinario a su hijo amado y éste, impaciente, lo hurtara para gozarlo antes de lo pacta-

do. Sin duda el hijo se sentiría culpable y se alejaría de su padre. Pero lo más increíble es que Dios no está enojado contigo. *No sigas rechazando a ese Padre espiritual. Él sabe tus debilidades, te conoce muy bien y perdona todos tus errores del pasado. Sólo tienes que estar dispuesto a cambiar a partir de hoy y a entregarle tus actos futuros a Él.*

Profundice en los conceptos leyendo las obras completas del autor

NOVELA DE SUPERACIÓN PARA PADRES E HIJOS

NOVELA DE VALORES SOBRE NOVIAZGO Y SEXUALIDAD

CURSO DEFINITIVO SOBRE CONDUCTA SEXUAL

NOVELA DE VALORES PARA SUPERAR LA ADVERSIDAD Y TRIUNFAR

TRAICIONES, RUPTURAS Y PÉRDIDAS AFECTIVAS. ESTE LIBRO ES UN ANTÍDOTO

NOVELA DE SUPERACIÓN PERSONAL Y CONYUGAL

UNA IMPACTANTE HISTORIA DE AMOR CON MENSAJES DE VALORES

NOVELA FORMATIVA PARA CONVERTIRSE EN CAMPEÓN

EDUCACIÓN INTEGRAL DE TRIUNFADORES

LA PRIMERA NOVELA DE ASERTIVIDAD PARA ADOLESCENTES Y ADULTOS

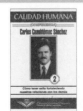

AUDIOCASETES

Esta obra se terminó de imprimir en agosto del 2002
en los talleres de Imprentor, S. A. de C. V.
ESD-9-31-M52-80-20